Adivinanzas para los pequeños

de 1°, 2° y 3° de primaria

Infantil

Colección Librería

Libros de todo para todos

Adivinanzas para los pequeños

de 1º, 2º y 3º de primaria

Selección
Frida Rodríguez Herrera

EMU editores mexicanos unidos, s. a.

D. R. © Editores Mexicanos Unidos, S. A.
Luis González Obregón 5 Col. Centro,
Cuauhtémoc, 06020, D. F.
Tels. 55 21 88 70 al 74
Fax: 55 12 85 16
editmusa@prodigy.net.mx
www.editmusa.com.mx

Coordinación editorial: Lucía Rosas Zambrano
Diseño de portada: Arturo Rojas Vázquez
Formación y corrección: Equipo de producción de Editores Mexicanos Unidos

Miembro de la Cámara Nacional
de la Industria Editorial. Reg. Núm. 115.

1a edición: Mayo 2006
3a reimpresión: Agosto 2008

ISBN 978-968-15-1797-7

ISBN 978-968-15-1797-7
9 789681 517977

Impreso en México
Printed in Mexico

Adivinanzas para primer año

¿Qué es, qué es,
lo que tienes que lavar
por lo menos una vez
antes de comer?

LAS MANOS

¿Qué es, qué es,
que tiene cabellos,
ojos, cejas, nariz
y dientes también?

LA CARA

¿Qué son, que son,
cinco amigos
que se encuentran
unos a la derecha,
otros a la izquierda
y juntos forman diez?

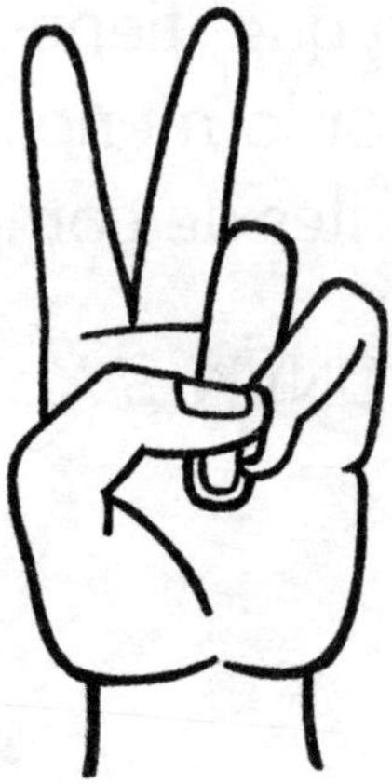

LOS DEDOS

Los tienes en la cara
como dos ventanitas
y tú con ellos puedes
mirar cosas bonitas.

LOS OJOS

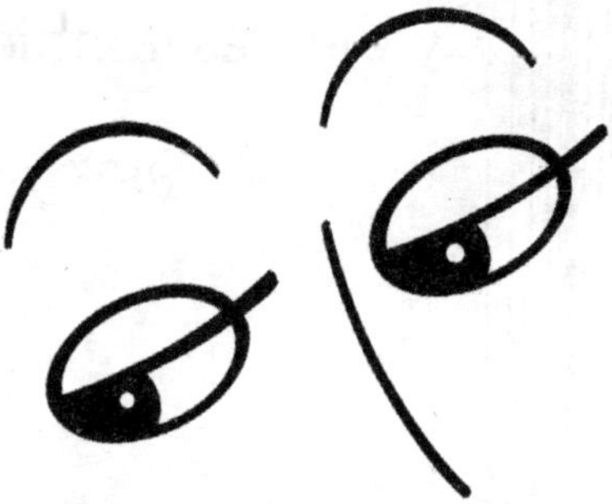

Están a tu lado
y no las ves,
ponte abusado
y dime lo que es.

LAS OREJAS

Estaré sobre tu cuerpo,
erguida y bien plantada,
en ella está el cerebro
y debes de cuidarla.

LA CABEZA

Somos de color oro,
negros o cafés,
y en tu cabecita
nos verás crecer.

LOS CABELLOS

La tengo en la cara
con dos ventanitas,
y huelo con ella
esencias bonitas.

LA NARIZ

Protegen tus ojos
son largas y suaves,
no son las cejas,
pero son muy parecidas.

LAS PESTAÑAS

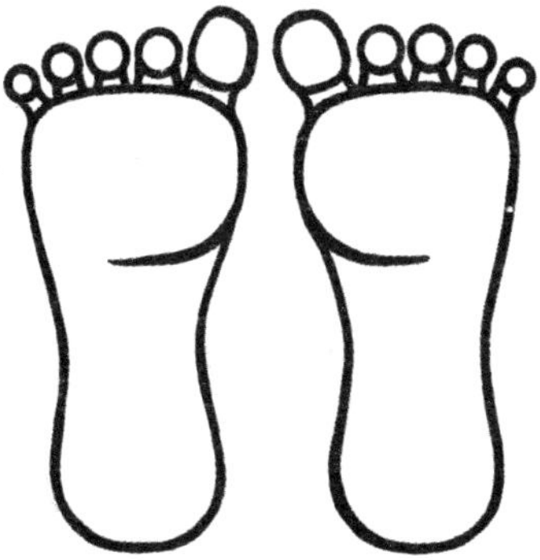

Con ellos caminas,
corres y saltas,
los traes metidos
a veces en tenis,
zapatos o mocasines.

LOS PIES

Qué son, qué son, que
además de tener blanco
en los ojos, blancos los
tienes también.

LOS DIENTES

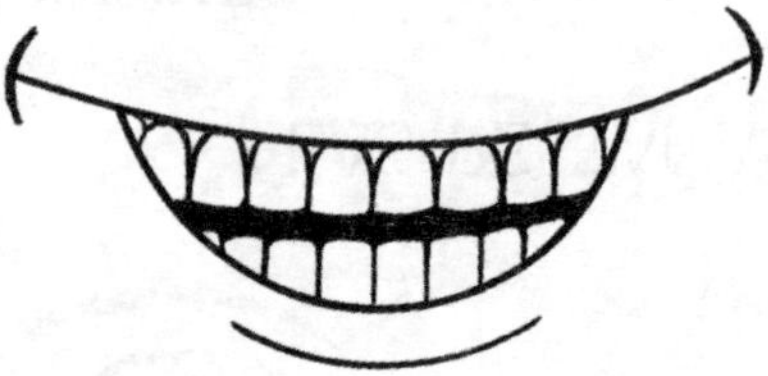

Tiene la forma
de un puño cerrado;
en tu pecho late,
un dos, un dos,
con gran precisión.

EL CORAZÓN

Puede ser domesticado,
y aunque suele ser cochino,
es suculento bocado.

EL CERDO

Orejas largas,
rabo cortito;
corro y salto
muy ligerito.

EL CONEJO

¿Cuál es el animal
que siempre llega
al final?

EL DELFÍN

Le gusta comer nueces
y es roja o colorada,
mas come avellanas
en tierras mexicanas.

LA ARDILLA

Es animalito
que tiene ocho patas,
y teje de prisa
linda telaraña.

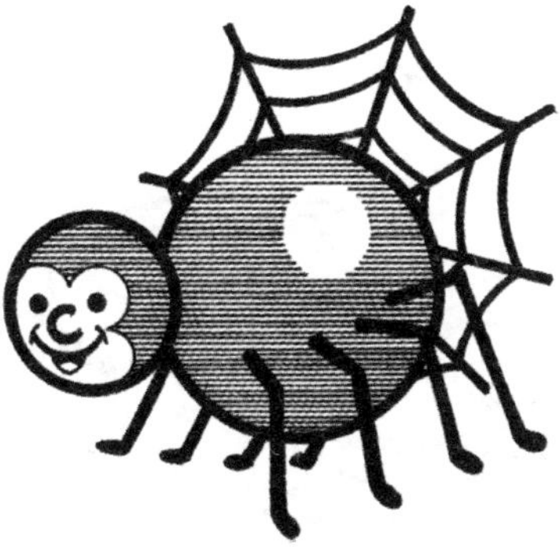

LA ARAÑA

La veremos en el zoológico;
tiene su cuerpo rayado,
las orejas muy curiosas y
cabeza de caballo.

LA CEBRA

Es verde y muy grande;
es un fiero animal
y curten sus pieles
que no debemos utilizar.

EL COCODRILO

Tengo vestido blanco,
dos remos para nadar
y parezco buquecito
que navega sobre el mar.

EL PATO

¿Quién duerme al oscurecer
y canta al amanecer?

EL GALLO

Un huevo fue mi casa,
pero de ella salí,
ahora soy chiquito y
hago pío, pío, pí...

EL POLLITO

En lo alto de las montañas
mi morada se encuentra,
tengo pico traicionero,
y muy bella yo crecí.

EL ÁGUILA

Sacamos burbujas
por la boca, dentro
del agua vivimos,
de muchos colores
somos y a veces
por la boca morimos.

LOS PECES

Me llaman rey de la selva
por mi fuerza y mi vigor.
Tengo una hermosa melena
y mi nombre es...

EL LEÓN

¿Cuál es el animal
que va por la pared,
con cien patitas cortas,
vestido de café?

EL CIEMPIÉS

Mi nombre comienza con "s",
en algunos cuentos, cuando
me besa una princesa, me
convierto en un adorable
príncipe.

EL SAPO

Volando voy de flor en flor,
llevando néctar de cada una
de las flores, de colores preciosos
me visto y chiquito y finito soy.

EL COLIBRÍ

Si te sabes bien las vocales,
sabrás inmediatamente
qué letra soy, ya que soy
la primera de ellas y
me encuentro aquí.

LA LETRA A

Cuatro palitos me conforman,
tres de ellos están alzaditos
y el de en medio está chiquito,
¡eh! aquí esperando estoy
que me digas quién soy.

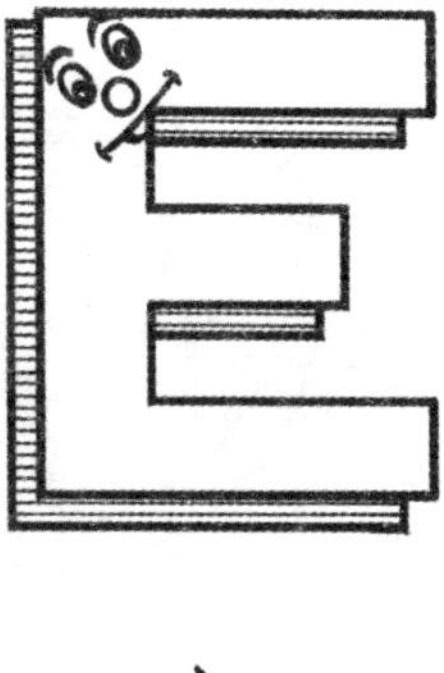

LA LETRA E

Delgadita me encuentro,
y algunas veces estoy acompañadita,
y aunque quiera esconderme,
el sonido del ratón siempre
me delata.

LA LETRA I

Gorda soy, me encuentro
como la forma del Sol,
y aunque en medio
de él estoy, quisiera que
me nombraras hoy.

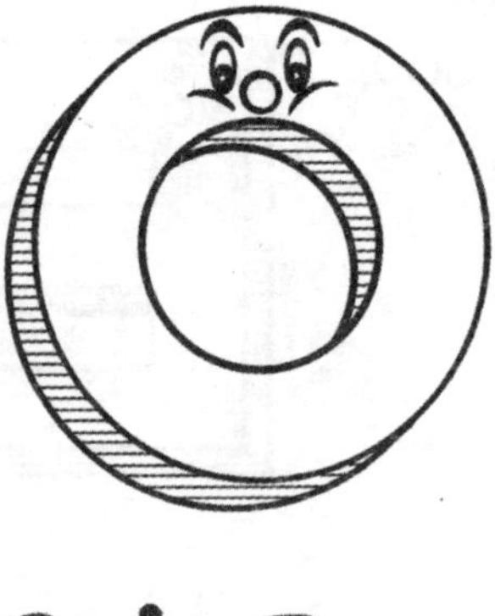

LA LETRA O

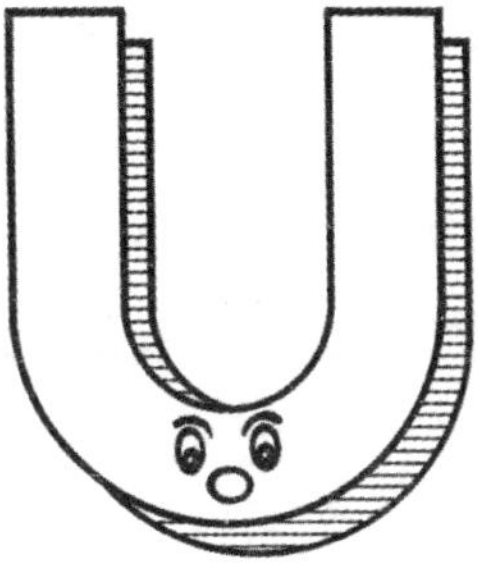

Soy una vocal que siempre
comparan con la reata
con la que saltas tú,
y en este momento
escuché que me
espantaron ¡uuuuuu!

LA LETRA U

Soy un conjunto de letras,
que revueltas nada dicen,
enseño al hombre la lectura,
si trata mucho conmigo.

EL ABECEDARIO

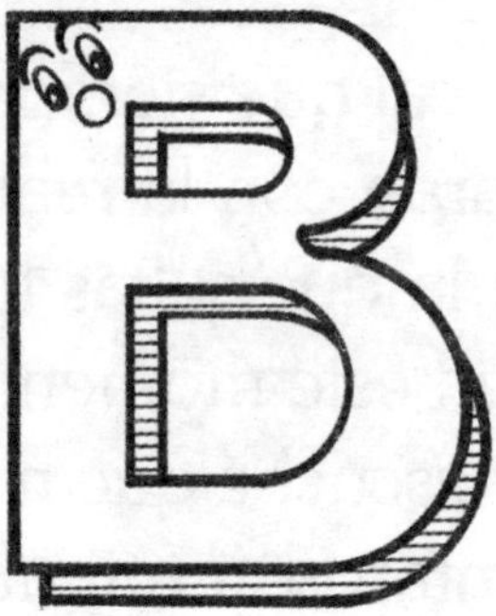

Llevo una panza,
a veces dos,
pero buena soy,
aunque dicen siempre
que al burro
le pertenezco yo.

LA LETRA B

Me encuentro
en el dado, dedal
y Dalia, en Dinamarca,
dinosaurio y Dante,
adivina, adivinador
¿qué letra soy?

LA LETRA D

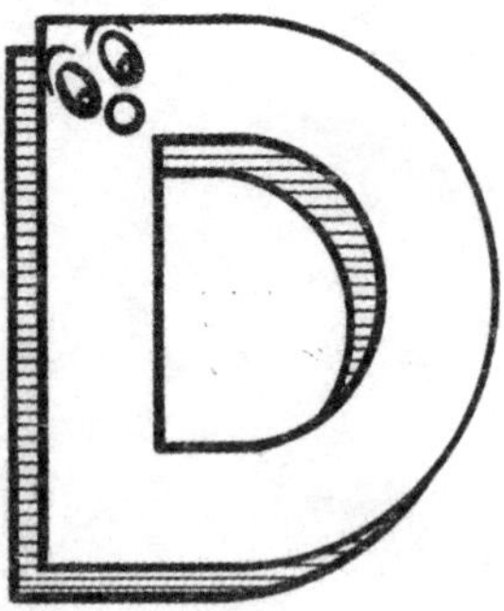

Adivina, a mí no
me debes lastimar
porque techo, hogar
y frescura siempre te
voy a dar, y bajo mi
sombra puedes estar.

EL ÁRBOL

Es un espacio que
debes cuidar,
que hermosas flores
puedes plantar,
recoger frutos
que de árboles
puedes probar.

EL JARDÍN

Al tenerlas, debes cuidarlas, regarlas,
abonarlas y quitarles las plagas
también, para mantenerlas
sanas y bonitas después.

LAS PLANTAS

Para crecer sano y fuerte,
nos debes comer,
aunque algunos niños
no lo quieren hace.

LOS VEGETALES

El agua es mi alimento,
el Sol es mi protector,
en la tierra yo reviento,
y luego salgo al exterior.

LA SEMILLA

De mí hacen harina,
después rico pan,
cuando estoy maduro,
de oro me verás.

EL TRIGO

Son mis granos como perlas
y tortillas ricas doy.
De la gente de mi patria,
alimento siempre soy.

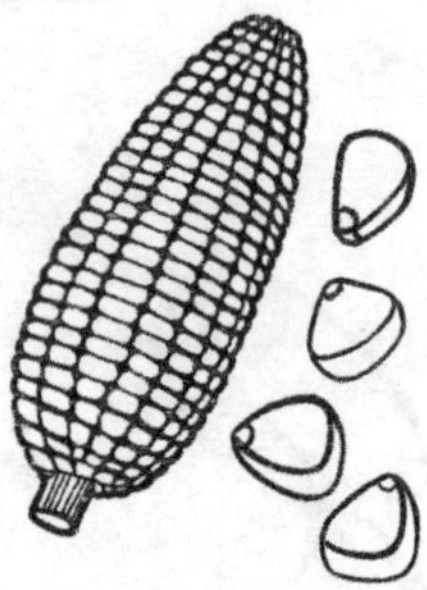

EL MAÍZ

Nos damos en una vaina
a la que se llama ejote;
pero si a secar nos dejan,
tomamos luego otro nombre.

LOS FRIJOLES

¿Qué es, di,
que nace en el suelo
y tiene nariz?

EL GARBANZO

Adivinanzas para segundo año

Ave soy, pero no vuelo,
mi nombre es cosa muy llana,
soy una simple serrana
hija de un hijo del suelo.

LA AVELLANA

Un convento bien cerrado,
sin campanas y sin torres,
y muchas monjitas dentro
preparando dulces sabores.

LA COLMENA

Dicen que mi tía Cuca
ha tenido mala racha,
¿quién será esta muchacha?

LA CUCARACHA

No soy chicha,
ni soy ron,
y si no me lo adivinan,
bien bobos son.

EL CHICHARRÓN

Soy del tamaño de un pepino,
con barbas de capuchino.

EL ELOTE

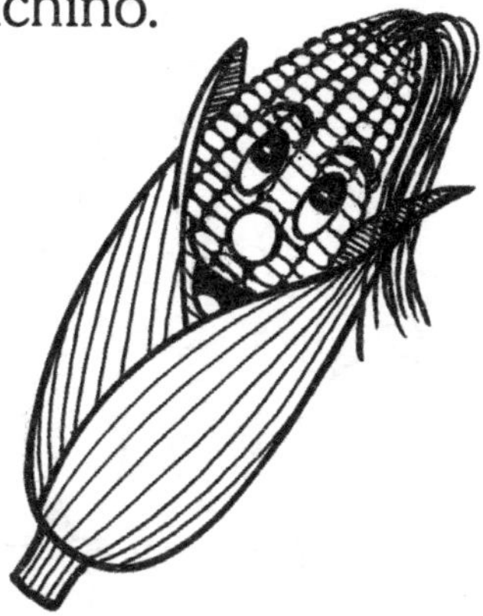

Un bichito verde
sobre la pared,
corre que te corre,
busca qué comer.

LA LAGARTIJA

Un platito de avellanas
que de día se recoge
y de noche se derrama.

LAS ESTRELLAS

Tengo cinco habitaciones,
en cada una un inquilino
y cuando llega el invierno,
sin salir de su cuartito,
hago que todos estén
bien calientitos.

LOS GUANTES

Giro mi cuerpo ante el Sol,
por ser mi dueño y señor.

EL GIRASOL

En un mismo caminito
mil damas vienen y van,
muy de prisa, muy de prisa,
se saludan al pasar.
Y aunque todas, todas van,
van corriendo en el camino
ni hacen polvo en su carrera,
ni levantan remolino.

LAS HORMIGAS

Entre dos paredes blancas
hay una flor amarilla,
aquel que me lo adivine
lo comerá hecho tortilla.

EL HUEVO

Riega las plantas
y también las flores,
y a todas las cuida
de mil amores.

EL JARDINERO

De blanco se viste y calza,
y usa gorrita blanca,
y cuando la ves brincas,
porque utiliza jeringas.

LA ENFERMERA

Sus herramientas son
los clavos y el martillo,
y a la madera la convierte
en un bello artificio.

EL CARPINTERO

Ayuda a apagar los incendios,
viste de rojo y anda en
grandes camiones.

EL BOMBERO

Su trabajo es volar
por los aires,
viste muy elegante,
va de aquí para allá
y comanda aviones.

EL PILOTO
AVIADOR

Te enseña las vocales,
el abecedario, a sumar,
restar y multiplicar,
le gusta su trabajo
y contigo jugar.

LA MAESTRA

Construye casas y
edificios, usa palas y
cemento, su trabajo es
pesado y él muy fuerte es.

EL ALBAÑIL

Limpia las calles de la ciudad,
va de aquí para allá
con mucho trabajo,
y si tú no tiraras
tanta basura,
terminaría más rápido.

EL BARRENDERO

Trabaja mucho en casa,
limpia, barre, plancha, lava,
cocina... te quiere mucho,
y siempre te acompaña.

TU MAMITA

Para saber el resultado,
cuando juntas dos
números, esta operación
debes utilizar.

LA SUMA

$$
\begin{array}{r} 2 \\ + \; 1 \\ \hline 3 \end{array}
$$

$$
\begin{array}{r} 4 \\ - \; 2 \\ \hline 2 \end{array}
$$

Cuando a un número
le quitas una cantidad,
esta operación debes utilizar.

LA RESTA

De tierra morena vengo,
estirando y encogiendo;
nunca a los perros temí,
pero a las gallinas sí.

LA LOMBRIZ

Por las noches me
paseo y durante el día
algunas veces me veo.

LA LUNA

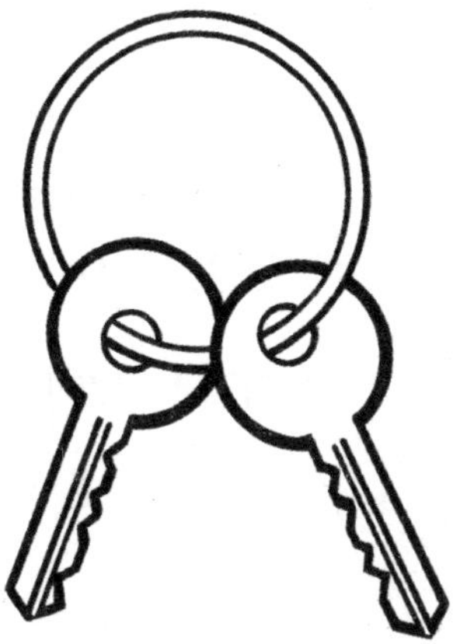

Ya ves, ya ves,
cuán claro es,
adivina ¿qué es?

LAS LLAVES

Ayer capullito,
hoy gusanito;
mañana volará
como un pajarito.

LA MARIPOSA

Qué vida mas dura es,
que te agarren por los pies,
golpeándote al derecho
y también por el revés.

EL MARTILLO

Tengo hojas
y no soy libro,
tengo barbas
y no soy chivo.

LA MAZORCA

Dos caras tengo
y redonda soy.

LA MONEDA

Una señora de negro
que se sube volando
al tren y no paga nada.

LA MOSCA

¿Qué animal va por
la vida con los pies
en la cabeza?

EL PIOJO

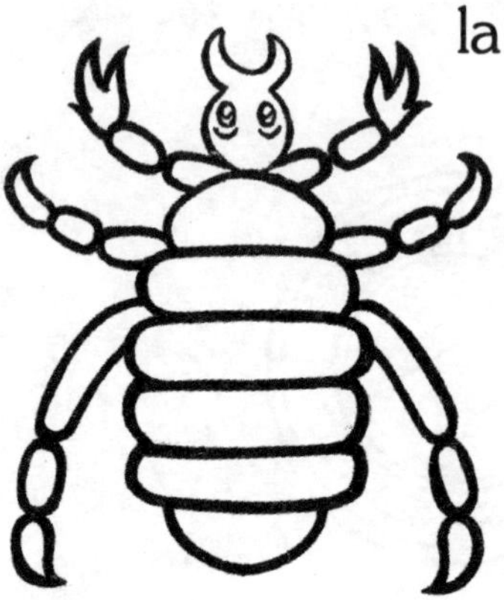

Es redonda, es de goma,
de madera o metal,
y sale a dar la vuelta
con una amiga igual.

LA RUEDA

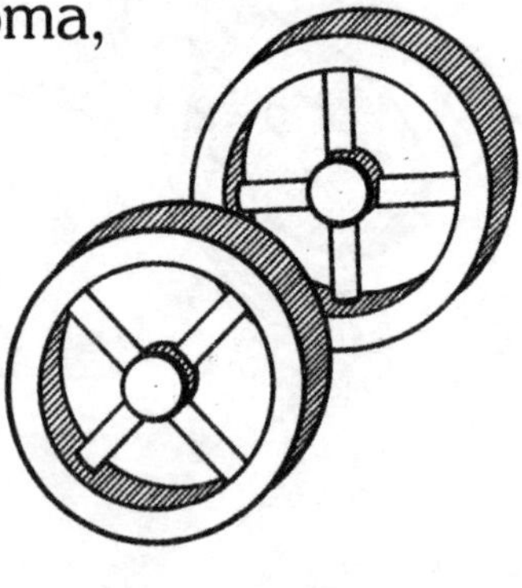

Salta y salta,
y la colita le falta.

EL SAPO

Por fuera, ¡ay, te pica!,
por dentro, ¡ay, qué rica!

LA TUNA

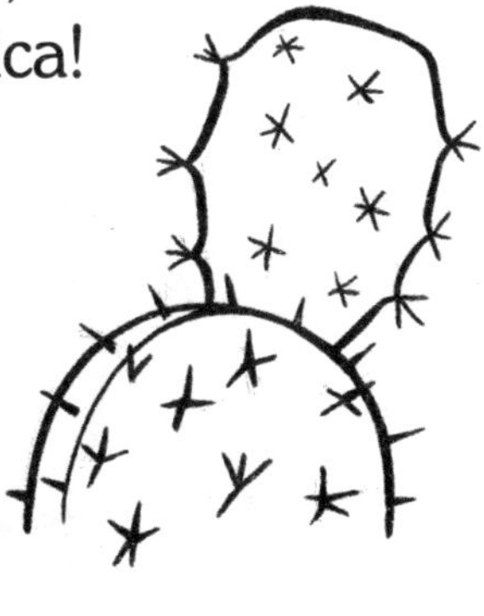

Corre y no tiene pies,
silba y no tiene boca,
y no lo ves si te toca.

EL VIENTO

Durante el día paseando van,
de noche bajo la cama están.

LOS ZAPATO

Parece un cerro,
pero es todavía más alta,
es a veces toda nevada,
y parece como pintada
con mil pinceladas.

LA MONTAÑA

Todos los niños,
adultos y ancianos,
debemos cuidar,
por salud y bienestar.

EL MEDIO AMBIENTE

A muchos de nosotros,
deben plantar, para
que acaben el hambre,
la sequía y el calor.

LOS ÁRBOLES

Cuando llego, presento
brillantes bellezas
y el invierno se va
con sus heladas tristezas.

LA PRIMAVERA

Con mi abrigo de lana
y con mis botitas,
me protejo del frío
en esta temporada.

EL INVIERNO

El mar nos forma
grandes, hermosas,
y nos estrella contra
las rocas.

LAS OLAS

A la comida doy sabor,
soy blanca y chiquitita,
me sacan del mar
y siempre me pones
en tu mesa.

LA SAL

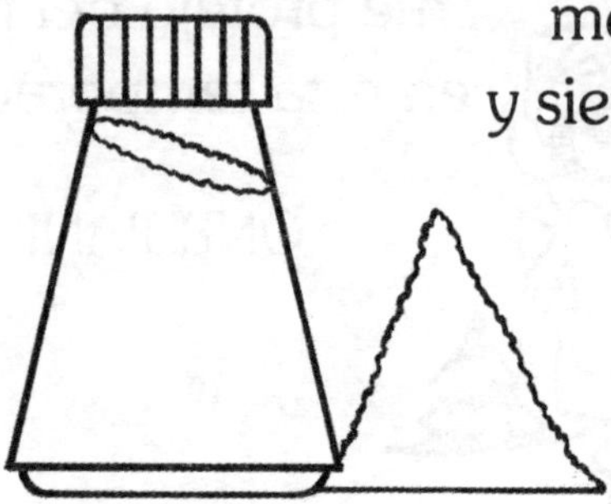

Dicen que hago magia,
que existo desde
hace muchos años,
que en mí se encuentran
siempre el saber y
el conocimiento.

EL LIBRO

Ando por los arroyos,
lagos, ríos y mares,
soy de vital importancia
para la vida y si no
me cuidas, desapareceré.

EL AGUA

Adivinanzas para tercer año

Después de la primavera,
con gran elegancia he llegado,
reparto fragancias
caramelos y helados.

EL VERANO

Estoy compuesto de
sujeto y predicado,
y siempre el verbo
está realizando
una acción.

EL ENUNCIADO

Miles y miles de palabras tengo,
y de cada una de ellas,
explico el significado.

EL DICCIONARIO

El comienzo de estas palabras
siempre lleva mayúsculas,
y cada uno de nosotros
usamos uno.

EL NOMBRE

Por medio de mí te comunicas,
conmigo puedes mandar
cartas y telegramas.

EL CARTERO

Pinto los bosques
de amarillo, tras la
primavera he llegado,
y conmigo el Sol camina.

EL VERANO

Somos un conjunto de signos
que utilizas para comunicarte,
con nosotros formas frases
que pueden ser muy importantes.

LAS LETRAS

A mí, me utilizan en
todo el mundo las
personas para comunicarse,
pero soy diferente en
México, Inglaterra,
China y Japón.

EL IDIOMA

Somos dos líneas
que siempre vamos a la par,
aunque nunca nos cruzamos
¿puedes nuestro nombre adivinar?

PARALELAS

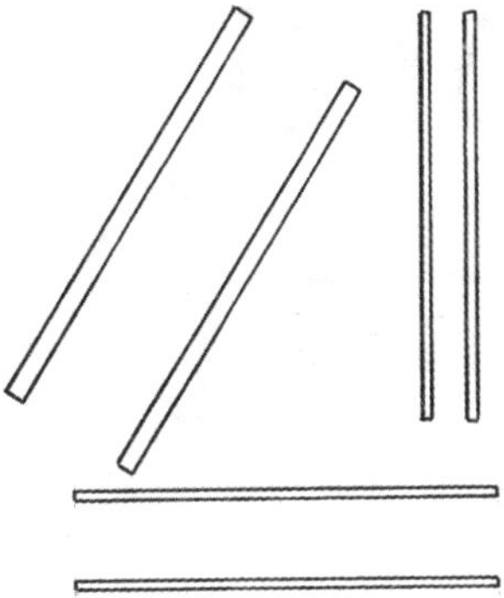

No te gustan porque
te meten en conflictos,
pero si los resuelves
con matemáticas,
hasta podrías
verlos bonitos.

LOS PROBLEMAS

Tengo tres lados,
y a veces puedo
parecer pescado.

EL TRIÁNGULO

Puedo tener
hasta 21 puntos,
todos repartidos
en un solo cubo.

EL DADO

De oro y plata fui,
hecha de hierro estoy,
un águila y un sol tengo yo,
dime ¿qué soy?

LA MONEDA

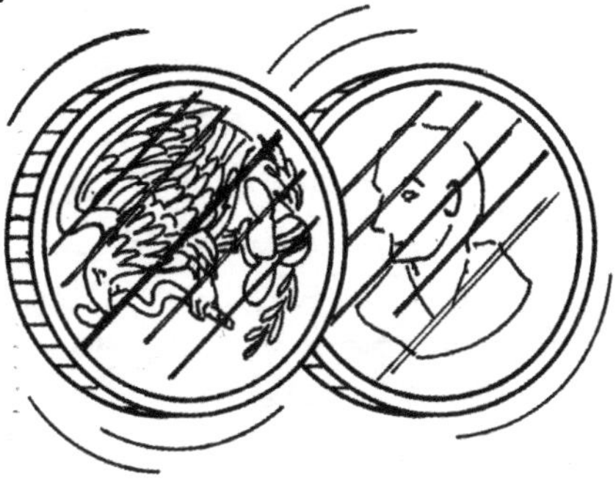

Doce números
me componen,
tengo dos piernas
disparejas, que nunca
dejan de caminar.

EL RELOJ

Tablas y tablas tuviste que memorizar
en tu cerebro para podernos ejecutar,
¿qué son?

LAS MULTIPLICACIONES

24
×7

Yo digo lentes, anteojos;
si dices casa, hogar
casi puedes adivinar
por saberlos utilizar.

LOS SINÓNIMOS

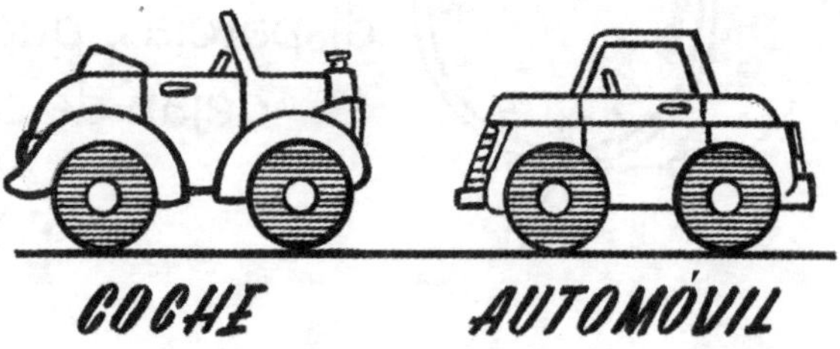

Soy muy pequeñita
y parezco pestañita,
cuando escribes me usas
para hacer pausas.

LA COMA

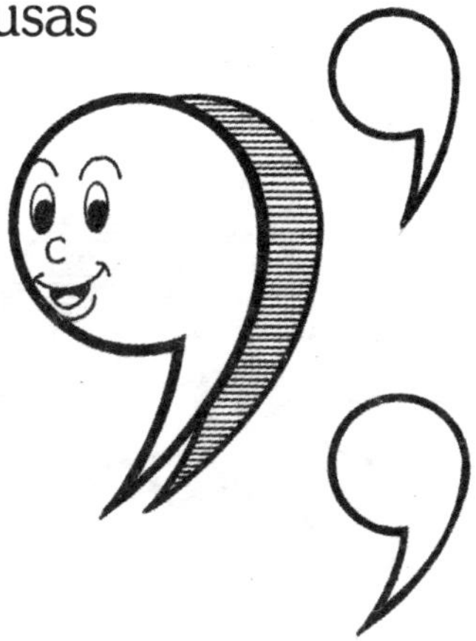

Nos puedes repartir a
uno, cien, mil,
pero si no me utilizas,
a nadie podrás dar
de manera pareja.

LA DIVISIÓN

Somos signos que utilizas
cuando te espantas o gritas,
somos delgaditos
y con un puntito.

DE EXCLAMACIÓN

Soy voluble, por mi causa
los días son soleados,
lluviosos, nublados.

EL CLIMA

Cuando ves letras en un libro
la usas, y con ella puedes
aprender millones de cosas.

LA LECTURA

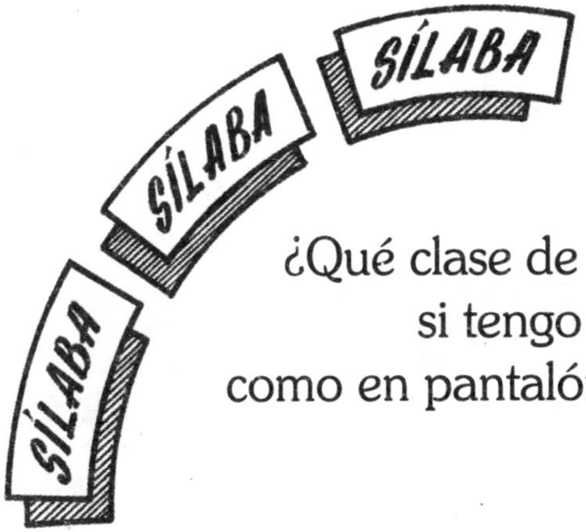

¿Qué clase de palabra soy
si tengo tres sílabas,
como en pantalón y vestido?

TRISÍLABA

Por medio de mí das detalles de
objetos, situaciones, animales...
Siempre me utilizas cuando pierdes
algo... para encontrarlo.

LA DESCRIPCIÓN

Somos dos signos
en forma de bastoncitos,
uno esta al derecho
y el otro está al revés.

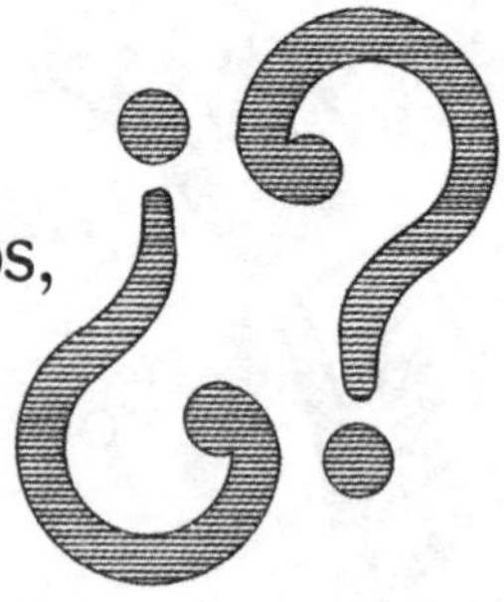

DE INTERROGACIÓN

Si digo negro, tú dices blanco,
si digo alto, tú dices bajo.
estas palabras son un relajo.

LOS ANTÓNIMOS

Por medio de mí
puedes contar sucesos,
hechos que han ido
y venido.

LA NARRACIÓN

Pequeña como un botón,
tengo energía de campeón.

LA BATERÍA (PILA)

Cabezón y muy delgado,
se pone siempre muy negro,
tras haber sido frotado.

EL CERILLO

Dos arquitas de cristal,
que se abren y se cierran
sin rechinar.

LOS OJOS

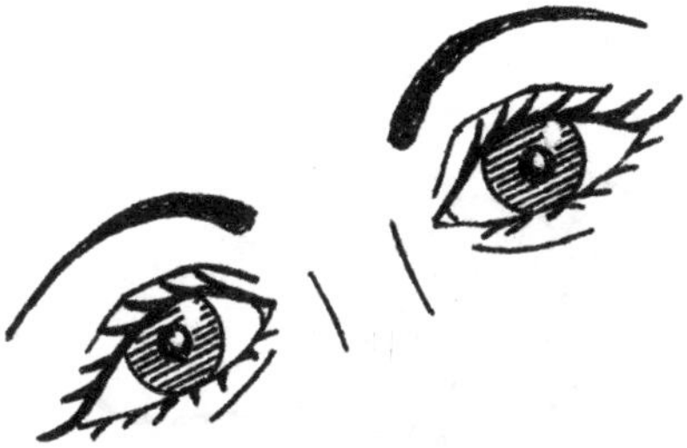

De agua soy, de tierra y aire,
y cuando de andar me canso,
si se me antoja vuelo,
si se me antoja nado.

EL PATO

Siempre anda
y nunca se mueve
de su lugar.

EL RELOJ

Te lo digo, te lo digo
y te lo vuelvo a decir;
te lo digo, te lo digo
y te lo vuelvo a repetir.

EL TÉ

Si te la digo, lo sabes,
también si no te la digo,
¿sabes qué es, mi amigo?
dímelo ya.

LA TELA

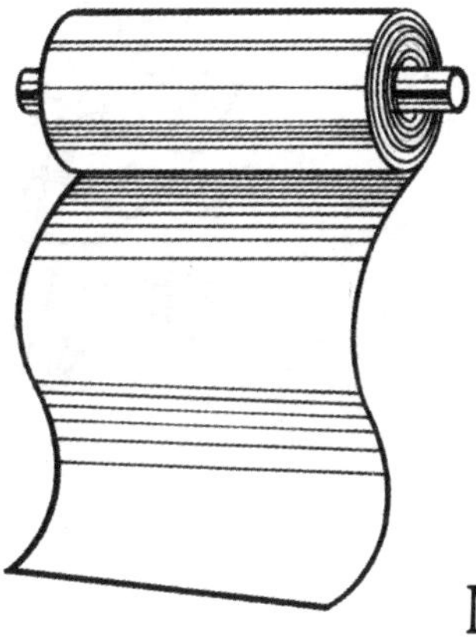

Mi nombre lo leo,
mi apellido es pardo,
quién no lo adivine,
es un poco tardo.

EL LEOPARDO

Tengo alas, pico
y hablo y hablo
sin saber lo que digo.

EL LORO

Cuelgo en racimos
jugosos, rubios, morenos,
sabrosos; y doy mi fruto
carnoso o mi jugo delicioso.

LA UVA

Corro, galopo y camino,
a mí me puedes montar
y si tienes un carrito
yo te lo puedo jalar.

EL CABALLO

Soy chiquito,
soy bonito,
mi casa llevo
sobre mi lomito.

EL CARACOL

Es verde y muy grande, es un animal
muy fiero cuando le quitan la piel,
la curten y muy cara la dan.

EL COCODRILO

Como polen,
y lo riego de flor
en flor, mis alas
parecen arcoiris de color.

LA MARIPOSA

Chiquitín y danzarín,
pasa las noches rondando
con lanza y con cornetín.

EL MOSQUITO

Cuando visito a ese señor,
compone mis dientes
y me deja un buen sabor.

EL DENTISTA

Salimos cuando anochece, nos vamos al cantar el gallo y hay quien dice que nos ve, cuando le pegan un sopapo.

LAS ESTRELLAS

Soy una bola enorme
y grandotota,
que gira siempre
alrededor del
señor Sol.

LA TIERRA

Soy un lugar abierto para chicos y grandes, dicen de mí que soy el templo de la enseñanza.

LA ESCUELA

Es sinónimo de cueva,
fue guarida, fue hogar;
fue la primer vivienda
que el hombre pudo
encontrar.

LA CAVERNA

Abro mi propio camino,
por tierra no puedo andar
y cuando estoy en el agua
ando y ando sin parar.

EL BARCO

Soy de color amarillo,
y si me ponen al fuego,
salto, me pongo gordito
y de color blanco.

MAÍZ PALOMERO

Tengo hojitas blancas,
gruesa cabellera,
y conmigo llora,
toda cocinera.

LA CEBOLLA

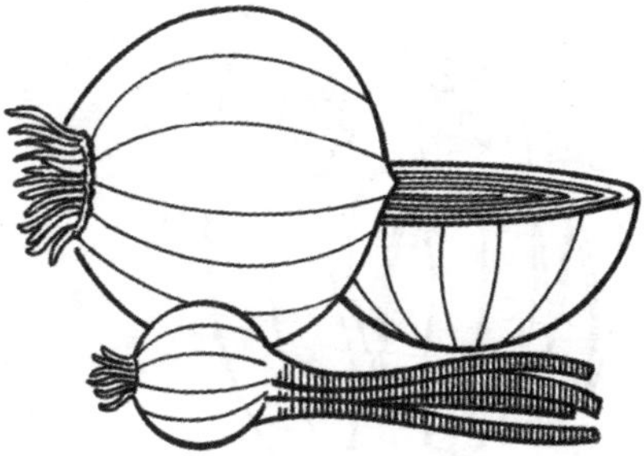

Soy muy chiquita,
pero de mí,
árbol o planta
puede salir.

LA SEMILLA

Soy una fruta muy rica
y tengo forma alargada;
el que mi cáscara pisa,
con seguridad resbala.

EL PLÁTANO

Es gris su pelambre,
sus ojos muy vivos;
le teme a los gatos,
y se come los libros.

EL RATÓN

Se le vende en rebanadas
o entera si lo prefieres;
es muy roja por adentro
y por afuera muy verde.

LA SANDÍA

Tiene gajos, no es balón;
es redonda, no es pelota;
pero si se le exprime,
sabroso jugo tenemos.

LA NARANJA

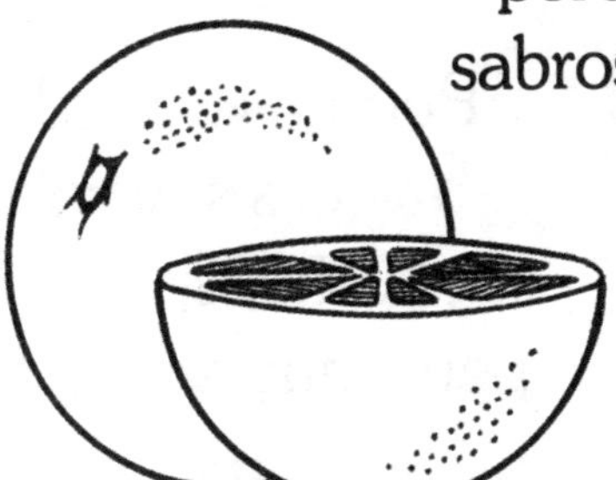

Soy verde, redondito,
mi cáscara es amarga,
y siempre hacen conmigo
rica limonada.

EL LIMÓN

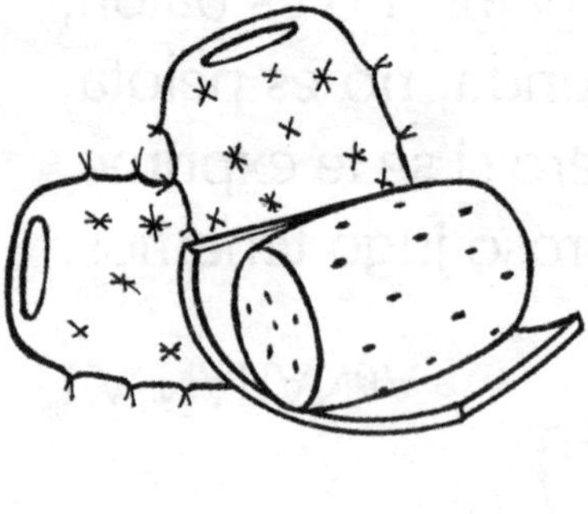

Puedo ser verde,
a veces soy roja,
soy fruta espinosa,
pero muy sabrosa.

LA TUNA

¿Cómo se dice
champú en
africano?

MATA PIOJO

¿Cómo se dice
llueve en alemán?

GOTASKAEN

¿Cómo se dice agricultor en árabe?

JALA LA PALA

Cómo se dice hombre delgado en chino.

FLA KU CHING

¿Cómo se dice adivinador en japonés?

KÓMO-SABE

¿Cómo se dice espejo en japonés?

AI TOI

¿Cómo se dice
fin en ruso?

SAKA-BO

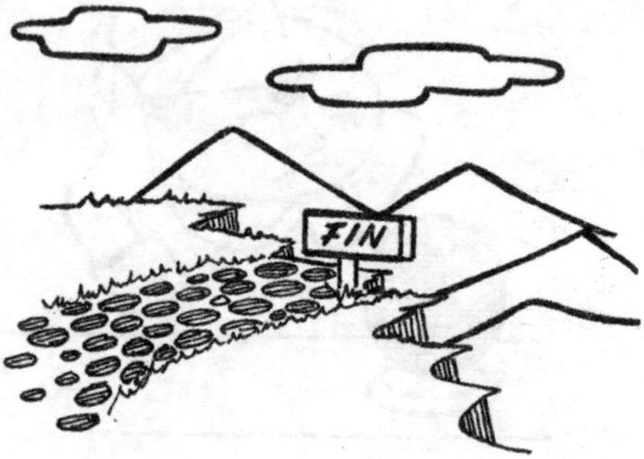

¿Cómo se dice raya de pelo
en portugúes?

CAMINO DEL PIOJO

¿Cómo se dice
encendedor en japonés?

SAKA-YAMA

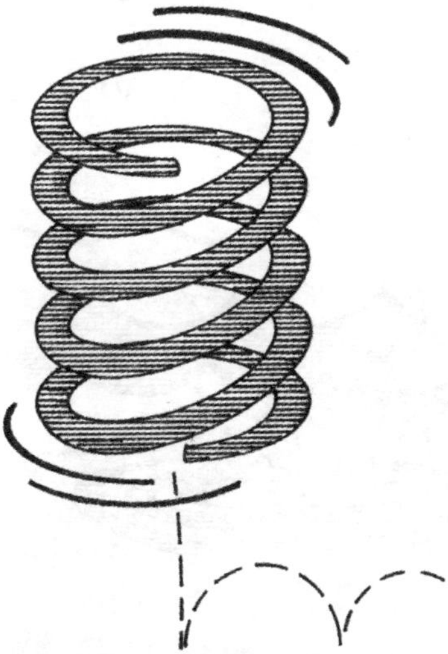

¿Cómo se dice
resorte en
japonés?

TOING

¿Qué le dijo un poste
grande a uno pequeño?

POSTATE BIEN

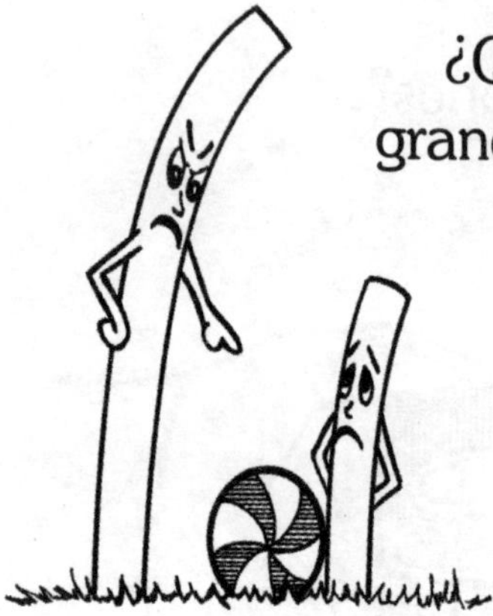

¿Qué le dijo el mar
a uno que se ahogaba?

NADA

¿Qué le dijo un ciego
a otro ciego?

CÁSATE Y VERÁS

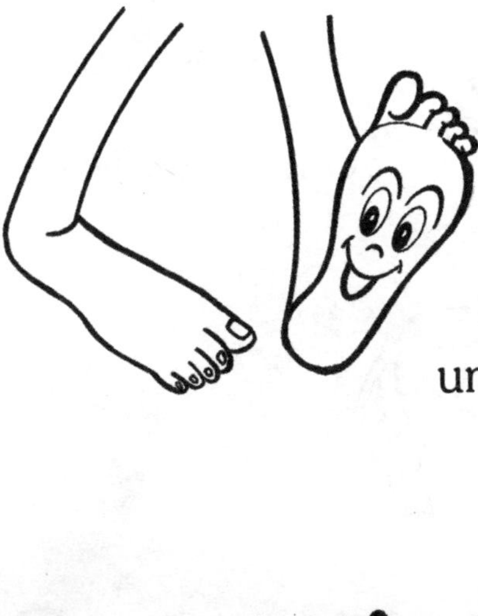

¿Qué le dijo
un pie al otro pie?

¡SÍGUEME!

¿Qué le dijo la vaca al toro?

VETE AL CUERNO

¿Qué le dijo
un asno a otro?

NO SEAS BURRO

Avión minúsculo,
picando en barrena
sobre nuestro músculo.

EL MOSQUITO

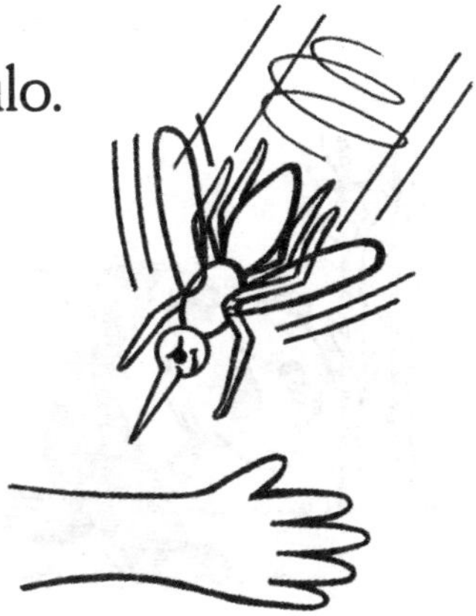

Su padre relincha
con pésima voz,
su madre rebuzna
y suelta una coz.

LA MULA

Buscando bambú por la China anda,
aunque está muy solo, siempre
va en banda.

EL OSO PANDA

Me roban mi vestidura
porque la fuerza es su ley
y visten con mis despojos
desde el esclavo hasta el rey.

LA OVEJA

Unas son redondas,
otras ovaladas,
unas piensan mucho,
otras casi nada.

LA CABEZA

Órdenes da,
órdenes recibe,
algunas autoriza,
otras prohíbe.

EL CEREBRO

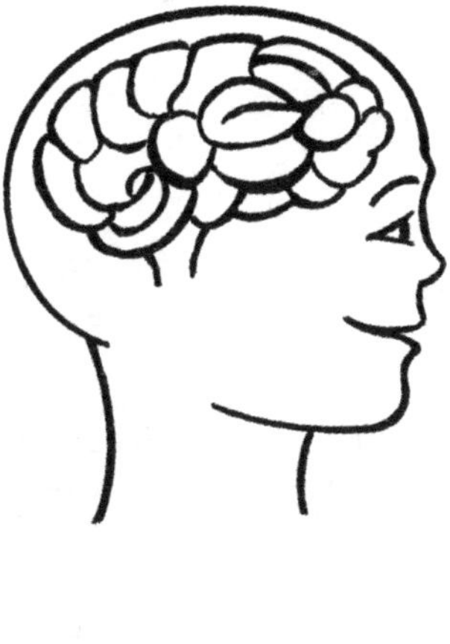

Índice

ESTA OBRA SE TERMINÓ DE IMPRIMIR EN EL MES DE **SEPTIEMBRE**
DEL 2008 EN **GRAFIMEX IMPRESORES S.A. DE C.V.,**
BUENAVISTA 98-D COL. SANTA ÚRSULA COAPA
C.P. 04650 MÉXICO, D.F. TEL.: 3004-4444